ŒUVRE DES ÉCOLES D'ORIENT

SON ORIGINE, SON ORGANISATION
SON BUT, SES PRIVILÈGES

LETTRE

DE SON ÉMINENCE

LE CARDINAL LAVIGERIE

A M. E. BELUZE

POUR SERVIR DE PRÉFACE

A LA VIE DE Mgr DAUPHIN

Ancien Directeur général de l'Œuvre

PARIS

AUX BUREAUX DE L'ŒUVRE

RUE DU REGARD, 12

LETTRE

LE CARDINAL LAVIGERIE

ŒUVRE DES ÉCOLES D'ORIENT

SON ORIGINE, SON ORGANISATION
SON BUT, SES PRIVILÈGES

LETTRE

DE SON ÉMINENCE

LE CARDINAL LAVIGERIE

A M. E. BELUZE

POUR SERVIR DE PRÉFACE

A LA VIE DE Mᵍʳ DAUPHIN

Ancien Directeur général de l'Œuvre

PARIS

AUX BUREAUX DE L'ŒUVRE

RUE DU REGARD, 12

LETTRE

DE S. E. LE CARDINAL LAVIGERIE

Archevêque de Carthage et d'Alger

A M. E. BELUZE

SUR LES COMMENCEMENTS

DE L'ŒUVRE DES ÉCOLES D'ORIENT

———————

Carthage, le 8 décembre 1885, jour de la fête de l'Immaculée-Conception.

MONSIEUR ET CHER AMI,

Il est très vrai ; je vous ai promis une Lettre sur les commencements de l'Œuvre des Écoles d'Orient, pour paraître en tête de la *Vie de Mgr Dauphin*, le pieux et regretté Directeur de cette Œuvre.

Je suis donc votre débiteur.

Or, j'ai horreur des dettes et les ai toujours payées sur l'heure. Aujourd'hui je n'attendrai pas davantage les huissiers et, au premier avertissement, je m'acquitte envers vous.

La seule chose qui m'embarrasse, c'est la monnaie... littéraire avec laquelle je dois faire ce paiement. J'espère que vous serez comme toujours indulgent et bon et que vous accepterez celle que je puis vous offrir. Je suis Évêque, à la vérité ; mais au milieu de mes préoccupations et de mes labeurs, comment trouver le temps et la liberté d'esprit nécessaires pour entreprendre une œuvre où la majesté épiscopale s'al-

licrait, comme il conviendrait, à toutes les per-
fections du discours? Ce n'est donc pas le Prélat
c'est le vieux missionnaire, le vieux quêteur qui
vous écrit. C'est d'ailleurs seulement à ces derniers
titres que j'ai pris part aux travaux de l'Œuvre des
Écoles d'Orient. J'écrirai simplement sous la seule
dictée de mes souvenirs et de mon cœur, sans me
préoccuper de l'étiquette cardinalice, si justement
chère pourtant aux maîtres des cérémonies du
Sacré-Collège. Mais je profite de ce que nous n'en
avons pas encore en *Barbarie*. Si ma lettre y perd
en pompe d'une part, elle y gagnera peut-être de
l'autre en intérêt.

Je commence sans plus long exorde, l'exposé
que vous réclamez avec tant d'instances et aussi tant
de droits. Je n'ai pas oublié, mon cher ami, les
années déjà bien lointaines où dans votre cercle
catholique de la rue de Mézières et de la rue Cas-
sette, vous m'aviez associé à votre apostolat auprès
de la jeunesse des Écoles. Heureux temps où vous
préludiez avec tant de zèle et de succès déjà à la
grande œuvre de la rue du Luxembourg, et où j'en-
trais moi-même dans l'Œuvre des Écoles d'Orient.

Il y a maintenant trente ans qu'est née en France
la pensée de cette Œuvre.

Son but, sous un nom modeste, était de travailler
enfin efficacement au retour à l'unité de l'Église
Orientale.

En sus des infidèles proprement dits, à la conversion desquels travaillait déjà l'Œuvre de la Propagation de la Foi, l'Orient ne compte pas, en effet, moins de soixante-dix millions de chrétiens, séparés de nous par le schisme, mais ayant gardé bien plus complétement les règles, les traditions, la discipline, la liturgie antiques que ne l'ont fait les Protestants d'Europe. Sur les points mêmes où ils paraissent se séparer de nous, ils ont gardé dans les ouvrages des Pères qui sont entre leurs mains, dans les livres de prières, le témoignage d'une parfaite identité de croyances.

Ainsi, et c'est là le point capital de leur schisme, ils ne reconnaissent pas en fait l'autorité du Vicaire de Jésus-Christ, mais dans leur liturgie, ils appellent Pierre « *Le Pasteur souverain de tous les apôtres.* » Ils parlent de ses successeurs, comme ayant hérité de son autorité. Ils appellent saint Léon le Grand : « *Le successeur du glorieux Pierre, investi de son autorité !* »

Ils citent, sans rien contester, la lettre écrite par le Pape saint Grégoire II à Léon l'Isaurien où il dit : « *Nous sommes revêtus de la puissance et de l'autorité de saint Pierre, Prince des Apôtres* ». Ils rapportent ces paroles d'un ange au même saint Grégoire II : « *Dieu t'a appelé pour occuper le premier siège de son Église et être le successeur de Pierre, Prince des Apôtres.* »

Sur les autres articles de foi, comme celui de la procession du Saint-Esprit, celui du Purgatoire, il a été reconnu unanimement par les Grecs comme par les Latins, au Concile de Florence, que, si les expressions sont différentes, la foi est la même.

Que de grands saints d'ailleurs, nous sont communs ! Nous vénérons comme eux les Cyrille, les Athanase, les Basile, les Grégoire, les Chrysostôme, les Damascène; ils vénèrent comme nous les Cyprien, les Ambroise, les Léon, les Grégoire, les Martin, les Benoît.

Les quatre premiers Conciles œcuméniques ont été tenus parmi eux et ont employé leur langue ; ces Conciles où tous les grands dogmes chrétiens ont été fixés et définis, et où la primauté universelle du Siège de Rome a été proclamée !

Quelle joie dans le ciel et sur la terre, le jour où nous verrions se lever les églises aujourd'hui tristement séparées, pour se donner le baiser de paix entre les bras du Père de famille !

Ces pensées, disons mieux, ces vœux d'union n'existent pas seulement parmi nous, ils existent dans l'Orient grec. Tous les esprits d'élite y comprennent que le jour prochain où l'Empire turc va disparaître, sera pour la nationalité grecque et pour son Église un jour de servitude nouvelle et plus dure encore, sous le joug des Slaves. Ils comprennent que le seul moyen de sauver l'une et l'autre est de retourner à l'Église Mère et de demander au Pape la force morale qui leur permette de lutter contre l'élément envahisseur.

Ce travail de retour s'accomplit dans l'ombre, mais ceux qui connaissent à fond les choses orientales le suivent aisément, et c'est le motif des espérances qui se font jour par intervalles et que quelques-uns prennent, à tort, pour absolument chimériques, comme cela vient d'avoir lieu à l'occasion des démarches échangées à Constantinople, entre l'envoyé du grand Léon XIII et le nouveau patriarche grec, Joachim IV.

Tout récemment encore, un membre distingué de la nation grecque, occupant une position considérable dans l'administration de son pays, me manifestait ces sentiments. La seule réponse que je lui aie faite, c'est que je donnerais avec joie ce qui me reste de vie pour voir s'opérer une réconciliation si désirable.

Ce sont ces sentiments et ces espérances, plus vagues alors, à la vérité, qui ont présidé à la naissance de l'Œuvre des Écoles d'Orient.

Mais de telles vues supposent la connaissance approfondie du passé et du présent de l'Église orientale. Ceux que des relations suivies, des études religieuses ou politiques rattachent à l'Orient sont donc les seuls à s'en faire une juste idée.

Aussi l'Œuvre des Écoles d'Orient a-t-elle eu, a

son berceau, des conditions et un aspect tout différents de ceux des œuvres populaires de la Propagation de la Foi et de la Sainte-Enfance.

L'Œuvre de Lyon, si rapidement développée et
féconde, est sortie du cœur de deux humbles
femmes qui avaient vu passer des Missionnaires
français du Nouveau-Monde, racontant leurs travaux et leurs souffrances, et parlant de la moisson
déjà mûre. Leur charité s'enflamma à ces récits et
entreprit de donner aux Missions ce vêtement et ce
pain de chaque jour que l'Apôtre demandait pour
les ouvriers évangéliques.

Tous les chrétiens pouvaient entendre cet appel,
aussi tous ceux qui sont dignes de ce nom adoptè-
rent-ils l'Œuvre de la Propagation de la Foi.

Il en fut de même de la Sainte-Enfance qui par-
lait au cœur des enfants et des mères. Elle a eu
pour premiers apôtres, non des savants mais des
hommes de cœur et de foi, et pour associés les enfants
des plus pauvres familles et des écoles du peuple.

L'Œuvre des Écoles d'Orient au contraire, pour
les raisons que je viens de dire, ne s'adressait
qu'aux esprits cultivés et connaissant le prix et les
difficultés de la résurrection catholique dans des
contrées toujours chères aux chrétiens.

Ce que je dis, n'est point pour rabaisser le
mérite des grandes œuvres qui l'avaient précédée
et qui sont devenues ces grands arbres que nous

voyons aujourd'hui couvrir le monde de leur ombre; c'est pour expliquer comment l'Œuvre des Écoles d'Orient ne pouvait, à cause de son caractère spécial, prétendre à une si prompte diffusion.

Des écoles parlent bien moins au cœur et à l'imagination que les voyages et les périls des Missionnaires ou le sort lamentable de milliers d'enfants abandonnés. Et cependant, pour l'Orient, elles étaient l'œuvre nécessaire. Si les esprits vraiment élevés voient, dans ce pays, les avantages et les motifs de l'union, le peuple ne les voit pas de même. Il garde toujours ses anciens préjugés. Tout lui est bon pour soutenir son schisme : la crainte, vaine d'ailleurs, de voir changer son antique liturgie, le désir de garder sa part d'influence dans les élections des Évêques, sa nationalité qui se perpétue dans les formes de ces élections mêmes, alors qu'elle a depuis longtemps disparu de la vie politique ; et, enfin, les mille fables que des imaginations prévenues s'empressent d'accepter sans contrôle.

Ceux qui en ont été les témoins se rendent compte que le seul vrai ennemi de l'union, c'est l'ignorance. C'est donc l'ignorance qu'il faut vaincre et, pour la vaincre, le seul moyen efficace c'est l'école pour le peuple, ce sont les établissements d'éducation ecclésiastique pour le Clergé.

Telles étaient les réflexions de ceux qui se préparaient de loin à la fondation de l'œuvre nouvelle.

Mais, si convaincantes qu'elles parussent, peut-être fussent-elles restées longtemps encore inactives, si un évènement providentiel n'eût tout d'un coup, en réveillant l'attention publique et en surexcitant les espérances, fait comme toucher du doigt le service que rendraient en Orient nos Missionnaires, nos Frères, et surtout nos Sœurs, si on pouvait y étendre leur action.

Quelques écoles dirigées par eux, y existaient, il est vrai, déjà. Les Lazaristes étaient en Égypte, en Syrie, à Constantinople. Les Jésuites avaient repris leur ancien poste d'honneur ; ils ouvraient bientôt à Ghazir, dans le Liban, le premier séminaire du clergé Oriental. Enfin, les Sœurs de Saint-Vincent de Paul avaient commencé à Alexandrie, à Beyrouth, à Smyrne, à Constantinople leur apostolat de charité.

Les choses en étaient donc là, lorsqu'éclata la guerre de Crimée.

Les Jésuites, ayant à leur tête les PP. de Damas et de Parabère ; les Lazaristes ; les Prêtres séculiers, en leur qualité d'aumôniers de l'armée et de la marine ; les Sœurs de Charité, dans les hôpitaux auprès des blessés, acquirent bientôt droit de cité à Constantinople et partout où se trouvaient nos soldats.

Ce furent les Sœurs, il faut le dire, qui, au point de vue religieux, produisirent l'impression la plus salutaire. Plus l'abaissement de la femme semble irrémédiable en Orient, plus le courage et le dévouement angélique de nos Sœurs devaient exciter l'admiration et le respect. Les correspondances et les journaux du temps étaient pleins de récits naïfs qui exprimaient ces sentiments mieux que tout le reste :

« Chaque fois que nous nous montrons, écrivait une Sœur de Nazareth, nous avons une nombreuse escorte ; les enfants sortent de toutes les cabanes, ou bien quittent leurs jeux pour venir nous baiser la main et ensuite nous suivre. Les mères nous montrent à ceux qu'elles ont à leurs bras, comme quelqu'un qu'on voit venir avec plaisir. » Et ce ne sont pas seulement les enfants : « Toute la population nous fait fête, dit-elle encore ; ce sont des baise-mains à n'en plus finir, Turcs, Grecs, Arabes, tout vient à nous pour pansements et consultations. Les femmes sont surtout heureuses de ces soins délicats, qui respectent, qui réveilleraient en elles, au besoin, le sentiment de la pudeur. » « Le 2 mars, dit la même Sœur, il nous en est arrivé une toute jeune de Séphoris, qui s'est trouvée si heureuse de l'appareil que nous avons apposé à son mal, qu'elle m'offrait de l'argent ; je l'ai remerciée. Alors elle a voulu la permission de nous apporter poules et pigeons. Mme de C. m'a aidée dans cette circonstance, elle a eu sa part dans les témoignages d'affection ; aussi nos deux bonnets ont-ils été à peu très froissés. »

« Je prends la confiance, écrivait une autre Sœur à M. le Supérieur général des Lazarites, de vous demander si vous ne jugeriez pas à propos de faire quelque chose pour aider nos Sœurs de Sainte-Sophie à rester dans ces quartiers lorsque l'ambulance va se fermer. Les Turcs les y engagent beaucoup, non pour la classe, puisqu'elles ne l'ont pas encore faite, mais pour le dispensaire où ils viennent en foule, et *qui peut en être considéré comme la porte*. L'un d'eux, grand personnage, disait ces jours-ci à nos Sœurs : « Je vous assure que nous vous voulons tous, et, pour preuve, je vais signer ce que je vous dis, si vous le désirez. Mais il vous faudrait une grande maison. » Lui ayant répondu que nous nous contenterions d'une petite : « Vous avez raison, ajouta-t-il, Dieu veut que l'homme vienne petit dans le monde, puis tout doucement comme le soleil, il parvient à son midi. »

Les Lazaristes ne rendaient pas, en ce qui concerne les garçons, un moins consolant témoignage. En présentant ses fils à leur supérieur, un Pacha leur disait : « Écoutez, mes enfants, tout en restant votre père selon la nature, je transmets tous mes droits sur vous à ce second père à qui je vous confie. Obéissez-lui comme à moi et sachez apprécier votre bonheur. Plût à Dieu que j'eusse pu recevoir l'éducation qui va vous être donnée ! Mais le temps n'était pas midi encore... » A ces mots, ajouta celui

qui écrivait ces détails, les charmants bambins vêtus
selon la dernière mode de la réforme, s'approchent
sur son signal et me baisent respectueusement la
main. Cet acte de politesse orientale et de subordi-
nation fut encore mieux apprécié de moi, quand je
vis deux *Lalas* les larmes aux yeux s'incliner devant
eux avec leur haute taille et leur barbe vénérable
pour leur baiser la main en signe d'adieu ; témoignage d'affection et de respect que les deux nouveaux écoliers recevaient avec un silence et une
gravité imperturbables, comme un hommage dû et
accoutumé. »

J'ai moi-même rapporté plus tard un mot signi-
ficatif entendu en Orient. J'y ai vu en effet
des milliers d'hommes, d'enfants mahométans ou
chrétiens, réunis autour des Sœurs, leur demandant
un secours pour leur pauvreté, un remède pour
leurs maux. Je les ai vus baiser avec respect leurs
vêtements. J'ai entendu l'une d'elles me raconter
qu'un jour, passant au milieu des Musulmans, elle
fut arrêtée par un homme du peuple, qui lui dit
avec une curiosité mêlée de respect : « Ma Sœur,
est-ce que, quand vous descendez du ciel, vous
autres Religieuses, vous êtes habillées comme vous
voilà ? »

Il n'en fallait pas tant pour exciter le zèle catholique et c'est là, avec les perspectives nouvelles
qu'ouvrait le Hatti-Humayoun proclamant la liberté

religieuse à la fin de la guerre de Crimée, ce qui fut, je le répète, l'occasion déterminante de la fondation des Écoles d'Orient.

Les premières réunions eurent lieu dans le salon d'un membre de l'Académie des sciences, savant illustre autant que chrétien, le baron Cauchy. — Un membre de l'Académie des inscriptions était l'âme de ces réunions. Nature ardente et généreuse dont le souvenir est attaché à toutes les œuvres françaises et catholiques de son temps, comme il est resté cher à la Grèce pour laquelle il avait combattu, en simple volontaire, dans la guerre de l'indépendance. J'ai nommé Charles Lenormand.

Auprès d'eux, sous l'habit pauvre et sans recherche aucune d'un Jésuite, un prince russe, ancien secrétaire d'ambassade, qui avait sacrifié le plus bel avenir pour embrasser courageusement la vérité, et qui n'avait donné qu'un seul but à sa vie : celui de faire rentrer, comme lui-même, dans le sein de l'Église-mère, ses frères de l'Église d'Orient : le P. Gagarin.

Il enflammait aussi tout par sa parole vraiment de feu, et doublement puissante du sentiment de la foi et de celui du plus pur patriotisme. J'entends encore en esprit, les accents de sa forte voix et de son enthousiasme dans une réunion qui se tenait à Notre-Dame des Victoires :

« Hâtez, mes Frères, disait-il, par vos prières

et par vos aumônes le jour béni où les ténèbres de l'ignorance étant dissipées, les préventions évanouies, l'Orient et l'Occident se donneront le baiser de paix.

« Oh! quand se lèvera-t-il sur le monde ce jour heureux, où mettant fin à de funestes et séculaires discordes, nous serons tous unis par les liens d'une même foi et d'une même charité. Quelle joie dans le ciel, quelle joie sur la terre; quel renouvellement de la face du monde! Oh! mes Frères, si nous goûtons une joie si profonde et si pure lorsque nous apprenons qu'une seule âme a renoué avec nous les liens de la charité, que sera-ce lorsque, un jour, soixante-dix millions d'âmes viendront unir leurs voix à nos cantiques d'actions de grâces! lorsque des nations entières, depuis si longtemps plongées dans l'engourdissement du sommeil, se réveilleront à une vie nouvelle, lorsque le mur de séparation élevé depuis tant de siècles entre l'O-rient et l'Occident sera renversé. N'en doutez pas, à ce grand spectacle, toutes les âmes qui, dans le sein du protestantisme, ont encore conservé la foi à la divinité du Christ et à l'ordre surnaturel, se sentiront émues et viendront, elles aussi, se joindre à nous. Quelle vigueur nouvelle dans le peuple chrétien! Les ennemis du Christ dont la haine est aujourd'hui si active et si puissante, frappés de stupeur à la vue de ce triomphe, seront terrassés.

« Ah ! croyez-moi, l'heure du triomphe ne sonnera que lorsque les chrétiens, abjurant leurs divisions, seront tous soumis dans les liens de la même charité, ne feront plus qu'un peuple de frères, qu'une seule Église, lorsqu'ils seront un comme le Père et le Fils ne sont qu'un : *Sint unum sicut et nos unum sumus.* »

De tels discours entraînaient aisément d'aussi nobles cœurs. On vit bientôt se grouper autour d'eux une foule de noms illustres.

A leur tête, celui du maréchal Bosquet dont l'épée venait, sous les murs de Sébastopol, de fixer la victoire sous nos drapeaux. Et, à côté de lui, M. le contre-amiral Mathieu, membre du bureau des longitudes ;

MM. de Montalembert, de Falloux, de Broglie, de l'Académie française ;

MM. Wallon, de Saulcy, vicomte de Rougé, baron Séguier, de Wailly, Tulasne, de Vitte, Garcin de Tassy, Flandrin, membres de l'Institut ;

MM. Melchior de Vogué, et de Gabriac, anciens ou futurs ambassadeurs, Faugère, directeur au ministère des affaires étrangères ;

Le comte Charles de Bourmont, le fils du vainqueur d'Alger, de Parieu, Le Serrurier, Auguste Nicolas, Bénoist d'Azy, de Mas Latrie, comte de Bertou ;

Les comtes de Cotte et de Goyon, aides-de-camp de l'Empereur, et enfin le saint, le grand Ozanam.

C'est avec ce noble état-major qu'en 1855 et 1856 l'association fit ses premières armes.

De même que la femme avait tenu un rang d'honneur en Orient, dans la guerre récente, de même elle le tint à Paris, et ce furent les noms les plus illustres qui se groupèrent pour la vente de charité par laquelle l'Œuvre des Écoles d'Orient sollicita ses premières ressources.

L'année suivante, M. Wallon, acclamé secrétaire général de l'Association naissante, rendait compte avec sa plume élégante et fine de ce premier essai. Mais il constatait avec tristesse que, malgré le zèle de tous, les fonds recueillis étaient sans proportion aucune avec le but proposé et les ressources que ce but rendait nécessaires. En une année, en réunissant tant d'efforts, on n'avait recueilli que seize mille francs !

Jusque-là, je n'avais eu moi-même aucune part aux travaux actifs de la Société. Voici qu'il me faut maintenant parler de ce moi haïssable partout, en littérature et en histoire comme en tout le reste, car on ne sait comment l'y servir. Mais je me souviens heureusement que c'est le *barbare* qui parle et je brave les règles convenues.

J'étais donc, comme vous le savez, professeur à la Sorbonne. Je racontais même, cette année-là, il m'en souvient, à mes vingt-cinq auditeurs, l'histoire du Jansénisme. Rien ne me faisait prévoir que jo dusse quitter la vie paisible du professorat, où j'étouffais pourtant, pour une vocation si différente;

C'est ce qui arriva néanmoins tout d'un coup,

Voici comment.

J'avais pour confesseur, le saint et illustre Père de Ravignan, dont jo suis heureux de retrouver ici le nom vénéré pour la saluer avec un tendre respect. J'étais attiré vers lui par sa vertu, par son grand caractère, et aussi par les souvenirs de la patrie commune, car il était originaire de Bayonne, et mon enfance s'était passée, à vingt-cinq ans de distance, presque tout entière à l'ombre de la même vieille cathédrale, dans une maison de la rue où s'était passée la sienne.

Ce grand religieux, maître consommé dans la conduite des âmes, ne me disait jamais rien, directement, contre la vie d'études et de professorat où l'obéissance m'avait engagé, mais souvent, et sans s'expliquer davantage, il me répétait qu'il voyait un autre horizon pour moi.

Un jour, il me raconta que le R. P. Gagarin était venu le trouver la veille, pour lui exposer que les membres de l'Association naissante des Écoles d'Orient, voyant la difficulté pour des laïques d'organiser et de répandre une œuvre qui a besoin du concours constant des fidèles, étaient résolus d'en confier la direction à un ecclésiastique, et, à brûle-pourpoint, il me dit en souriant : « Tous ces messieurs de l'Institut ont naturellement pensé à un professeur de Sorbonne et ils vous désirent. Ils m'ont chargé de vous demander. »

Je ne fus ni surpris ni troublé d'une telle ouverture.

— « Si vous croyez, mon Père, que ce soit la volonté de Dieu, répondis-je, je suis prêt. »

— « Je le crois », me dit le Père simplement.

En ces trois mots, tout fut conclu. Où ne m'ont-ils pas pourtant conduit, ces trois mots, depuis bientôt trente années, en France, en Asie, à Rome, en Afrique ?

L'essentiel est que ce long voyage, maintenant près de finir, se termine bien et me mène au port.

Le lendemain, le Père Gagarin venait me prendre dans le petit appartement que j'occupais au second étage d'une maison de la rue du Regard, celle qui porte le numéro 12, et où se trouve depuis ce temps-là, le siège de l'Œuvre des Écoles d'Orient. Il me conduisit comme un triomphateur mène son captif, mais, pour moi, captif volontaire, rue de l'Université, au Dépôt des Cartes et Plans de la Marine, où le Conseil laïque se trouvait réuni sous la présidence de l'excellent amiral Mathieu, frère du Cardinal-Archevêque de Besançon. Le Père ne me laissa pas le temps de parler. Il expliqua que c'était chose faite, et je n'eus qu'à reco oir les remercî ments du Conseil. Ces remercîments furent suivis bientôt de la remise de tous les registres et de la caisse, trop facile à porter, car on venait de tout distribuer aux Établissements Orientaux, avec le regret, renouvelé depuis chaque année, de n'avoir pas distribué dix fois davantage.

C'était à la fin de l'année 1856.

En sortant, le Père Gagarin me regarda avec un franc rire : « Vous voilà à l'eau, mon cher abbé, me dit-il, maintenant il faut nager ! »

La première condition pour la réussite de l'Œuvre était de la faire connaître et, pour la faire connaître, de la prêcher.

C'est donc par là que je commençai, à Paris d'abord, après avoir imploré la protection de Dieu et obtenu l'autorisation et la bénédiction de mon vénérable Archevêque, le pieux, bon et sage Cardinal Morlot.

Mais de Paris, autant que me le permettaient mes cours de Sorbonne, je rayonnai bientôt chaque semaine sur les villes voisines : Versailles, qui nous a toujours été hospitalier, Chartres, Caen, Orléans, Angers, Nantes, Soissons, et puis, sur des villes plus éloignées ; Besançon, Lyon, Clermont, Marseille, Toulouse, Bordeaux, Pau, Bayonne eurent les prémices de cet apostolat de *frère-quêteur*, car je devais former des Comités après mes sermons, et quêter non-seulement dans les églises mais à domicile.

Oh ! quels souvenirs ! et combien, depuis ce temps, je prends pitié des quêteurs !

Que d'autres les accueillent mal. Lorsque quelqu'un d'eux, se présente à moi, la parole de saint Augustin sur ceux qui s'égarent me revient à la pensée : « Qu'ils sévissent contre vous ceux qui ne savent pas avec quel labeur on trouve la vérité : pour moi qui n'ai pu, qu'après avoir été longtemps et cruellement ballotté par l'erreur, contempler enfin la vraie lumière, il ne m'est pas possible de vous traiter durement. »

Le plus souvent, néanmoins, je fus accueilli avec sympathie. NN. SS. les Évêques favorisaient de tout leur pouvoir une œuvre destinée à réaliser c: 3 union qui est restée dans les aspirations les plus chères de l'Église. Les fidèles remplissaient les temples où je venais les entretenir de tant de malheurs et de tant d'espérances.

Que de traits touchants de générosité, de foi, j'aurais à vous raconter, si je pouvais entrer dans le détail.

Mais il fallait des épines à ces roses, et elles ne manquèrent pas non plus.

Dans les diocèses, dans les paroisses où l'on crée des œuvres nouvelles réclamant les ressources locales, on ne reçoit jamais sans appréhension un quêteur nouveau. C'est l'instinct de la nature.

Il est vrai que la grâce de la charité catholique triomphe d'un tel mouvement, mais il faut qu'elle soit forte et il semble, à première vue, qu'elle ne le soit pas toujours assez. J'ai pu le constater, même depuis que je suis Cardinal. J'ai donc appris, par ma longue expérience, que tout Missionnaire mendiant, comme je le suis encore, hélas ! doit avoir deux côtés dans son bissac, l'un pour les aumônes destinées à ses œuvres : c'est le bénéfice des pauvres, et l'autre pour les mauvais compliments qui lui sont destinés : c'est son propre bénéfice. J'en ai eu récemment une preuve nouvelle, et bien publique celle-là, puisqu'elle est affichée sur les murs de toutes les communes de France.

Mais s'il en est ainsi, même pour un Évêque, à quoi ne devait pas s'attendre un prêtre jeune et inconnu ?

J'ai donc été quelquefois éconduit dans des termes qui n'étaient flatteurs ni pour ma mission ni pour ma personne. On ne connaissait, disait-on, ni les Écoles d'Orient, ni la Sorbonne, ni l'abbé Lavigerie. Si j'insistais, on me faisait entendre que je pourrais bien être « l'escroc » qui s'était présenté, depuis peu, dans les villes voisines sous l'habit ecclésiastique et que la gendarmerie recherchait partout ».

D'autres fois, le procédé était différent. On me couvrait de fleurs, mais pour m'étouffer. Je me rappelle un grand diocèse où l'Évêque, que j'ai bien aimé et pleuré depuis, mais qui ne me connaissait pas alors, n'avait pu me refuser pour des raisons spéciales, d'autoriser un sermon dans sa cathédrale. Il faisait bâtir cependant une grande église et il craignait pour les ressources qui lui étaient indispensables. Il chercha donc à tout concilier et s'absenta lorsqu'il apprit ma venue prochaine, laissant à son Grand-Vicaire la mission de me décourager et, en tous cas, d'arrêter tout élan des fidèles. Je dois dire que le Grand-Vicaire s'acquitta en conscience de sa mission.

« Ah ! mon pauvre abbé, me disait-il à tout instant, vous aurez bien des maux !... on a déjà prêché et quêté dans notre cathédrale plusieurs fois depuis quelques semaines. Et puis, dans ce pays, on est de glace pour toutes les œuvres et on ne se laisse pas facilement émouvoir par les étrangers. Croyez-moi, renoncez à prêcher, votre insuccès est certain. »

Autant de douches glacées sur ma tête, mais en pure perte. A l'âge où j'étais la tête est chaude, et puis je suis basque, et à ce titre, entêté, lorsqu'il le faut. « Pour le sermon, répondais-je, je suis à bonne école. A la Sorbonne, les auditeurs ne sont pas nombreux. Comme saint François de Sales, je me contente de trois personnes. »

Quand il fut question des visites que je faisais partout, aux habitants les plus recommandables, ce fut une autre tactique. Jamais il ne voulut consentir sous prétexte « qu'il connaissait trop ses devoirs », à me laisser mettre seul le pied chez une personne de la ville, et, à peine entré, il commençait son discours : « J'ai l'honneur de vous présenter un des professeurs les plus distingués de la Sorbonne, M. l'abbé Lavigerie, directeur d'une Œuvre.... l'Œuvre des Écoles d'Orient. Il vient pour la prêcher. Mais Monseigneur lui a bien fait observer qu'il était impossible d'établir, dans ce pays, une œuvre nouvelle. Nous sommes accablés par les œuvres locales et vous savez combien on est froid pour tout ce qui vient du dehors. »

Ce commencement tout de miel, et cette fin toute de vinaigre allaient fort peu à un quêteur ; aussi, dès la troisième visite, coupai-je brusquement la parole à mon introducteur. « Je vous avertis, disais-je, dès les premiers mots, que M. le vicaire général se propose de calomnier Mgr l'Évêque auprès de vous, et de vous calomnier vous-mêmes. Il prétend que votre ville est inaccessible à tout entraînement de générosité et opposée à toute œuvre qui n'est pas locale. Mais je vous avertis aussi que je n'en crois rien et que je sais, d'après une réputation bien ancienne, que si vous êtes fermes dans vos entreprises, vous êtes ardents pour le bien. »

« Hélas ! soupirait le Grand-Vicaire, vous verrez bientôt par votre expérience, Monsieur l'abbé. »

Je le vis, en effet, le dimanche suivant. Je montai en chaire, poussé à bout par tout ce que j'avais entendu, et comme toute quête m'était interdite dans l'église, j'invitai après mon sermon où j'usai de toutes mes armes, ceux qui voudraient s'associer à notre Œuvre, à me suivre dans la sacristie. Une grande partie de l'auditoire m'y suivit en effet, et y souscrivit sur l'heure, 162 dizaines, ce qui faisait seize cent vingt francs de revenu annuel pour nos Écoles d'Orient.

Le Grand-Vicaire était là, décontenancé et songeant sans doute à ce qui l'attendait sur le succès de sa diplomatie. Je ne pus m'empêcher de l'entreprendre un peu à mon tour : « Eh bien ! Monsieur le Vicaire-Général, lui dis-je, voyez si vous avez calomnié Monseigneur et votre bon diocèse. Nulle part je n'ai encore eu un succès semblable ! »

Ce fut bien pis un moment après, car m'étant rendu chez le Grand-Vicaire pour y prendre le dîner qu'il m'avait gracieusement offert à défaut de quête, nous vîmes arriver, tout empressé, un des curés de la ville, qui ayant appris ce qui s'était passé le matin, venait me supplier de prêcher le soir dans son église. Pour le coup, le Grand-Vicaire éclata. Il prit le curé par les épaules et le poussa dehors, en lui disant : « Monseigneur s'y oppose absolument. »

— « Mais, Monsieur le Vicaire-Général, lui dis-je, Monseigneur ne peut s'y opposer puisqu'il ignore la démarche que M. le curé fait en ce moment. »

— « Je sais bien qu'il l'ignore, et s'il savait ce qui s'est fait ici aujourd'hui, jamais il ne vous aurait permis d'y venir ! »

Mais, je me hâte de le dire, une telle réception était un cas rare. Je ne me rappelle qu'un accueil de même force, ou pire encore, c'est celui d'un curé de cathédrale qui m'a mis à la porte sans rire et pour tout de bon. Il est vrai que j'ai été sur le point d'en avoir, et sans la chercher, une singulière revanche. L'Évêque de ce diocèse étant mort peu d'années après, lorsque j'étais moi-même auditeur de Rote, il fut question de me donner son siège, et je ne pus m'empêcher de sourire en moi-même, en pensant à la figure qu'aurait faite le pauvre curé, obligé de faire entrer solennellement dans son église celui qu'il en avait si peu cérémonieusement éconduit. Mais j'ai perdu l'occasion de lui rappeler, selon l'usage, que les rois de France ne vengent pas les injures des ducs d'Orléans, car je fus nommé évêque de Nancy.

Il ne suffisait pas d'obtenir le concours des fidèles. Il fallait, puisque l'Œuvre commençait à montrer sa vie, avoir l'approbation de celui sans lequel tout ce qui se fait dans l'Église reste sans fécondité.

Le Conseil des Écoles d'Orient qui n'avait d'abord été, comme vous l'avez vu, composé que de laïques, s'était adjoint, peu à peu, des ecclésiastiques en nombre égal. Il compta successivement dans son sein :

Le R. P. Pététot, supérieur général de l'Oratoire ; M. Étienne, supérieur général des Lazaristes ; le R. P. Levassour, supérieur général des Prêtres de la Miséricorde ; les RR. PP. Gagarin et Daniel, de la Compagnie de Jésus ; M. l'abbé Charles, mort curé de Saint-Pierre de Chaillot, M. l'abbé Bourret, depuis évêque de Rodez ; M. l'abbé Place, depuis archevêque de Rennes ; M. l'abbé Soubiranne, depuis évêque de Belley.

Mgr de la Bouillerie, évêque de Carcassonne, fut fait président d'honneur, en souvenir de ses sympathies personnelles, lorsqu'il était à Paris, et du zèle de Madame sa mère qui avait été la Patronnesse la plus dévouée de la première heure. S. E. le Cardinal Morlot, accepta d'être Protecteur. Ce fut ce vénérable Prince de l'Église qui, sur la demande du Conseil, sollicita l'approbation du Saint-Siège. Elle fut obtenue sans peine. Par deux Brefs, en date du 13 décembre 1857 et du 29 janvier 1858, Pie IX, de sainte et douce mémoire, accorda ses encouragements et des indulgences nombreuses aux prêtres Directeurs et aux Associés de l'Œuvre.

Celle-ci entrait ainsi dans le courant de la vie catholique. Il ne lui manquait plus d'autre recommandation que celle des services rendus.

L'occasion s'en présenta bientôt, et c'est ce qui me reste à vous dire pour terminer ma tâche.

Au commencement de 1860, des signes non équivoques d'hostilité se manifestèrent en Syrie, contre les Chrétiens du Liban. Un complot avait été tramé par le parti musulman fanatique. Son centre d'action était à La Mecque. Profondément irrités de ce qu'ils appelaient l'humiliation de l'Empire Turc, obligé pour se maintenir contre la Russie, de recourir à la France et aux puissances chrétiennes; encore plus blessés de voir la liberté religieuse désormais accordée à tous, les vieux croyants rêvaient une vengeance dans le sang.

Grâce à leurs excitations secrètes, les Druses et les Métoualis, ennemis séculaires des Maronites et des autres chrétiens du Liban, furent bientôt prêts pour l'attaque. Les Pachas ottomans chargés de l'administration des principales villes du pays : Saïda, Beyrouth, Damas, le Hauran, gagnés à prix d'or ou choisis à dessein pour leur fanatisme, étaient prêts à seconder l'action des Druses. Un prétexte frivole, comme il arrive dans ces occasions, suffit pour allumer l'incendie.

A un jour donné, les malheureux chrétiens, sans défense, virent leurs montagnes, leurs villes, leurs villages, leurs maisons cernés par des bandes farouches qui ne respiraient que le sang et l'incendie. Deux cent mille d'entre eux furent massacrés ; toutes les églises qui se trouvaient en dehors de la montagne, détruites ; les maisons pillées et la plupart rasées. Jamais on ne vit plus affreux spectacle.

J'ai sous les yeux, ce que j'en disais à Rome après mon retour de Syrie en 1861. — Écoutez-en quelques détails :

« Je vois encore, des yeux du cœur, la ville de Beyrouth encombrée de fugitifs les habits en lambeaux, se traînant en troupes affamées dans les rues, sur les places publiques. Je vois ces mères, ces veuves, portant dans leurs bras des enfants sur la figure desquels la mort avait marqué déjà son empreinte ; les malades, les blessés, dont les membres mutilés témoignaient de la rage de leurs ennemis. Ils étaient là, ainsi, trente mille chrétiens ; ils ont été jusqu'à cinquante mille, dans la seule ville de Beyrouth ou dans ses faubourgs. Et, sur les chemins de la Syrie, de Saïda, de Damas, de Tyr, de Sidon, on a pu en compter cent mille qui avaient tout perdu, demeure, fortune, vêtements même, et à qui il ne restait que des haillons pour couvrir leur nudité.

« Mais ce n'était rien que la vue des fugitifs. Je me rappelle mon premier voyage à Deir-el-Kamar, la *Reine du Liban*, comme on la nommait. Elle avait été livrée à la cruauté des Turcs et des Druses. Je cheminais au milieu des rochers abrupts de la montagne et, de temps en temps, je demandais à mon guide si nous n'approchions pas encore. Enfin, à ma question de nouveau répétée, il me montra le ciel et il me dit : « Tu vois ce nuage noir ? Nous approchons maintenant. » — « Comment, lui dis-je, remarquant qu'il regardait en haut. » — « Oui, me répondit-il, ce sont les corbeaux et les vautours qui, depuis trois mois, dévorent les cadavres abandonnés des chrétiens de Deir-el-Kamar. »

« Il disait vrai. Depuis trois mois et jusqu'à l'arrivée de nos soldats, les cadavres de deux mille chrétiens étaient laissés, par leurs bourreaux, en proie à tous les outrages, et les bêtes fauves les dévoraient. Rien de pareil à ce spectacle, à celui des cadavres amoncelés sous les terrasses du sérail, aux fleuves de sang dont on voyait la trace impure au trou d'une muraille par lequel ces monstres faisaient passer les bras de leurs victimes pour savoir lequel d'entre eux ferait tomber le mieux, d'un seul coup, le bras d'un chrétien. Je vous fais grâce de ces récits et de l'aspect des soldats Turcs, impassibles auprès de ces affreux restes. Leur chef avait attiré les chrétiens dans son palais, comme pour les protéger contre les Druses. Il ne leur demandait, disait-il, que de déposer les armes ; et, une fois les armes déposées, il avait ordonné aux soldats de se jeter sur nos frères désarmés. Pas un n'avait échappé à la mort.

« A Damas, le spectacle était, s'il se peut, plus horrible encore. Sur les deux mille maisons qui composaient la ville chrétienne, il n'y en avait pas une seule qui restât debout. Elles étaient toutes en poussière.

« Je suis monté sur un minaret turc pour me rendre compte de l'immensité de ces ruines. C'était, à perte de vue, un amas de décombres informes, et on ne peut s'en étonner, lorsqu'on sait que la destruction et le pillage avaient duré vingt jours ! Les mahométans de Damas avaient commencé, puis étaient venus ceux des faubourgs, ensuite ceux des bourgades voisines, puis, enfin, les Bédouins du Hauran, détruisant tout, massacrant les chrétiens, et emportant les femmes dont un grand nombre sont restées captives dans les déserts ou dans les harems.

« Et au milieu de ces ruines, rien qui rappelât la vie, sinon des troupes d'animaux immondes qui allaient fouiller dans les décombres. Ils achevaient de dévorer les restes de huit mille chrétiens ensevelis sous les débris de leurs demeures. On avait laissé leurs corps, comme à Deir-el-Kamar, comme à Hasbéia, comme à Rachaya, comme à Saïda, comme partout enfin, exposés à ces outrages qui les poursuivaient jusque dans la mort. »

Ces affreuses nouvelles étaient parvenues en France, portées par des fugitifs qui ne s'étaient crus en sûreté qu'en mettant la mer entre eux et leurs bourreaux. Les missionnaires, dans leurs lettres, confirmaient ces tristes récits :

« Presque tous chrétiens Maronites, écrivait le R. P. de Damas, les habitants de Djezzin et des districts voisins s'étaient laissé endormir par les caresses du trop fameux Saïd-Djemblad. Le perfide les avait assurés qu'ils n'avaient rien à craindre, et, confiants dans ses promesses, ces simples villageois cultivaient paisiblement leurs terres, lorsqu'un jour ils se virent assaillis à l'improviste par une troupe de Druses. Ils coururent aussitôt à leurs armes, se rallièrent et se défendirent énergiquement dans les champs mêmes qu'il cultivaient peu d'instants auparavant. Or, tandis qu'ils croyaient sauvegarder leurs foyers, une épaisse colonne de fumée s'élevant dans les airs, leur annonça la ruine totale de leur pays. Non moins avide de pillage que de victoire, Saïd-Bey avait profité du moment où ils se battaient dans la plaine pour brûler leur beau village privé de ses défenseurs. Un sentiment de profonde tristesse s'empara alors des chrétiens. Cependant ils continuaient à lutter avec courage, lorsqu'ils virent déboucher, des quatre points du champ de bataille à la fois, des corps d'ennemis nombreux. Des renforts considérables de mahométans de la province de Karroub, les Métoualis du Djebel-Rihan et de la province de Djebaa, les bachi-bouzouks enfin du gouvernement Turc de Saïda s'élançaient à l'appui des Druses. A dater de cet instant, la résistance devenait impossible. Les chrétiens se débandèrent et leur paisible province se trouva livrée à des hordes innombrables dont les bandes fractionnées portèrent partout la dévastation et la mort.

« Quarante villages furent brûlés ; les églises et les couvents renversées ; plus de cent cinquante mille pièces de bétail enlevés. Les hommes, les femmes et les enfants, dont la fatigue retardait la fuite, furent égorgés, les femmes enceintes éventrées... »

Un immense cri d'horreur 'et de pitié répondit dans toute l'Europe à ces infamies. La France, particulièrement intéressée à ne pas laisser impunie une attaque dirigée principalement contre son influence, ne pouvait hésiter. Un corps d'occupatoin fut envoyé à Beyrouth pour sauvegarder ce qui restait encore des chrétiens de la montagne et obtenir des garanties sérieuses contre le retour de ces atrocités.

Mais arrêter l'effusion du sang ne suffisait pas. Il fallait venir en aide à des multitudes infortunées, dépouillées de tout, mourant de faim au fond de leurs montagnes, sur les grands chemins, dans les rues des villes. On calculait, en effet, comme je l'ai dit, que plus de cent mille chrétiens étaient sans toit, sans vêtements, sans autre nourriture que l'herbe des champs.

Ce fut alors que l'Œuvre des Écoles d'Orient prit l'initiative d'un appel à la charité des catholiques, et particulièrement des catholiques de France.

« Votre cœur, disait le Conseil de l'Œuvre, aura été douloureusement ému des cris de détresse qui nous arrivent de l'Orient.

« Des milliers de chrétiens, nos frères, impitoyablement massacrés par des hordes fanatiques ; des femmes odieusement outragées ; des prêtres, des religieux, des religieuses mis à mort dans les supplices et abandonnés sans sépulture ; partout le pillage, l'incendie, la violence, tel est le résumé des tristes nouvelles que chaque jour nous apporte de la Syrie. Depuis près de deux mois, des troupes fugitives de Maronites errent dans les montagnes, chassées de leurs demeures et partagées entre les tortures de la faim et la crainte du sabre qu'un chef de ces barbares a juré de ne remettre au fourreau *que lorsqu'il aurait tranché la tête du dernier homme qui fait le signe de la croix !* Des multitudes de blessés, de femmes, d'enfants, échappés au meurtre et aux flammes, se réfugient dans les villes que cette troupe sanguinaire a respectées, et assiègent, pour éviter le déshonneur ou la mort, les maisons de nos prêtres et de nos sœurs.

« Dans leur détresse, ces infortunés se sont sou-
venus de la France ; c'est vers elle que s'élèvent
les plaintes de ces martyrs, de ces confesseurs de
notre foi. Un cri immense d'indignation et de pitié
répond à leur appel, d'un bout à l'autre de notre
patrie. Déjà quelques-uns de nos vaisseaux ont été
dirigés vers la Syrie, et nous faisons des vœux
ardents pour que les mesures prises par le gouvernement français, de concert avec les autres gouver-
nements de l'Europe, mettent un terme à tant de
crimes et en empêchent le retour.

« Mais que de désastres à réparer, que de malheurs à soulager ! C'est en leur faveur que le Conseil de l'Œuvre des Écoles d'Orient a voulu élever
la voix, persuadé que les catholiques de France
n'ont pas oublié les antiques liens qui les rattachent
à cette nation maronite que l'on a si justement
nommée la *France de l'Orient.*

« Je m'adresse donc à vous avec confiance ; je
viens vous demander, pour cette Œuvre de charité
et de foi, le concours de votre zèle. La triste
vérité est connue de vous ; nos feuilles publiques
en retentissent chaque jour. Dites aux fidèles qui
vous entourent qu'il ne suffit pas d'une pitié
stérile, qu'il faut, s'il se peut, venir en aide à tant
de misères, soigner ces blessés, recueillir ces petits
enfants, secourir ces veuves, — les enfants et les
veuves des martyrs ! Qu'ils donnent peu, s'ils ne

peuvent donner beaucoup : ces oboles de la charité finiront, en se multipliant, par former un trésor. Ne craignons pas de nous appauvrir en prélevant sur nos ressources une aumône nouvelle. Des milliers de malheureux persécutés pour leur foi nous implorent ; nous ne pouvons rester insensibles à leurs cris de désespoir.

« Du reste, ceux même qui ne partagent pas la croyance des chrétiens de Syrie nous donnent ici l'exemple de la générosité. Protestants, Israélites, veulent secourir nos frères ; que Dieu leur donne, en retour, une part à la lumière et à la paix de la vraie foi ! Mais nous, Chrétiens, à qui ces martyrs doivent être doublement sacrés, nous laisserons-nous vaincre en charité pour eux ? Non, notre honneur, les sentiments de notre cœur, tous les vieux et chers souvenirs de notre histoire et de notre foi nous commandent de faire encore ce qu'ont si souvent fait nos pères, et, pour tout résumer dans ce mot qui est la devise de notre Œuvre : *Dieu le veut !* »

De toutes parts, la charité répondit à cet appel. Des quêtes furent organisées dans les diocèses. Les journaux ouvrirent des souscriptions. Des ventes de charité furent faites. Les riches, les pauvres ne se contentèrent pas de donner de l'or. On savait que les chrétiens du Liban avaient tout perdu. On offrit pour eux des vêtements et des étoffes. Trois cents églises étaient en ruines et n'avaient plus aucun des vases ou des ornements nécessaires pour la célébration du Saint-Sacrifice. Les paroisses des villes de France réparèrent ce désastre : huit cents ornements, quatre cents calices, tous les autres objets nécessaires à la célébration du culte se trouvèrent bientôt réunis.

Les bureaux de l'Œuvre, mon propre appartement, encombrés de tant d'objets divers, ressemblaient vraiment aux bazars du Temple. Mais des pensées plus graves et plus hautes ne nous permettaient pas de nous arrêter à ce détail.

C'était le moment, en effet, de montrer à ces chrétiens d'Orient, quels qu'ils fussent, catholiques ou schismatiques, car, nous n'avons point fait entre eux de distinction et nos aumônes sont allées indistinctement aux uns et aux autres, que nous les aimions comme des frères et que nous voulions renouer avec eux tant de liens rompus ou affaiblis.

C'est ce qui fit prendre par le Conseil de l'Œuvre la résolution d'envoyer son Directeur, accompagné d'un délégué, M. Jaulerry, porter lui-même à ces infortunés les secours recueillis pour eux et ajouter aux dons matériels de la charité, les paroles de la compassion et de l'amour.

Plus de deux millions étaient déjà réunis en espèces, et on peut estimer à cinq cent mille francs ce qui y était joint en nature, sans compter ce qui vint plus tard et qui porta à quatre millions les secours distribués en quelques mois, en y comprenant ceux que le gouvernement avait reçus directement lui-même, et qui furent distribués par nos Comités.

Je ne puis entrer, vous le comprendrez, dans le détail de ce qui se fit alors par l'Œuvre des *Écoles d'Orient*.

Pour tout résumer et donner une idée de l'effet produit sur les Orientaux, je me contenterai de citer la traduction fidèle de la lettre que les Évêques de tous les rites, avec leur clergé, adressèrent au Souverain-Pontife au moment de mon retour :

« Très Saint Père,

« Prosternés aux pieds de Votre Sainteté, les Patriarches et les Évêques soussignés osent lui faire connaître, après les malheurs qui les ont accablés, ainsi que le peuple et le clergé confiés à leurs soins, les secours providentiels qu'ils ont reçus pour soulager leurs misères.

« Votre Sainteté avait daigné, avant tous les autres, malgré la triste situation où l'avaient réduite des attentats déplorables, nous envoyer une aumône sacrée. Toutes les nations catholiques ont suivi un si admirable exemple. Mais, parmi éllos, la France a principalement droit, dans ces circonstances malheureuses, à notre reconnaissance éternelle.

« C'est à cette nation généreuse, Très Saint Père, que nous devons d'avoir vu cesser le massacre des chrétiens ; c'est à elle que nous devons d'exister encore. Sans la protection de ses soldats, peut-être ne trouverait-on pas un seul chrétien dans toute l'étendue de la Syrie.

« La France ne s'est pas contentée de nous protéger contre les attaques des musulmans et des druses ; elle nous a encore sauvés des horreurs de la faim, du froid, de la nudité.

« Outre les secours considérables distribués par le gouvernement français, une Société charitable, l'Œuvre des Écoles d'Orient, a ouvert une souscription publique que les Évêques de France et ceux des autres contrées catholiques ont hautement patronnée, et qui a déjà produit plus de deux millions de francs.

« Déjà, Très Saint Père, d'autres sommes très fortes ont été employées, par les charitables catholiques de France et des autres contrées, à fournir à nos pauvres des vêtements et des aliments, à reconstruire les maisons ruinées, à recevoir une multitude d'orphelins ; et ils se préparent en ce moment à rendre à nos églises, dépouillées de tout, les ornements qu'elles ont perdus.

« Toutes ces œuvres ont été accomplies sous nos yeux.... par M. l'abbé Lavigerie, Directeur général de l'Œuvre des Écoles d'Orient, et digne représentant du clergé de sa nation. C'est au péril de sa propre vie, qu'il a exposée plus d'une fois, que ce respectable prêtre a rempli la tâche admirable qu'il avait acceptée. Il retourne maintenant dans sa patrie, après avoir distribué de ses mains plus d'un million et assuré, par le moyen de plusieurs comités, la distribution de nouveaux secours pendant la saison d'hiver. Nous savons qu'il se rend auprès de Votre Sainteté pour lui rendre compte de ce qu'il a fait ; mais nous tenons nous-mêmes, Très Saint Père, à rendre à Votre Sainteté un témoignage solennel des bienfaits que nous avons reçus des catholiques de France et de leur digne représentant.

« Nous serions surtout heureux que, dans l'impossibilité où nous nous trouvons de donner aux bienfaiteurs de nos pauvres chrétiens un témoignage de notre reconnaissance, Votre Sainteté daignât se charger d'acquitter une partie de notre dette. Elle possède le trésor des indulgences et des faveurs spirituelles qui a été confié à saint Pierre et à ses successeurs. Nous la supplions humblement de vouloir bien l'ouvrir en faveur des charitables catholiques de France, qui ont concouru à la souscription faite en notre faveur. »

Suivent les signatures de trois Patriarches et de

quinze Archevêques et Évêques des divers rites orientaux représentés en Syrie.

Cette lettre, je voulus la porter moi-même à Rome et la déposer aux pieds de Pie IX, qui la reçut avec la tendresse du Père reconnaissant de ce qui a été fait pour ses fils malheureux.

Qui m'eût dit que cette démarche filiale devait précisément m'enlever à l'Œuvre que je venais de servir humblement pendant six années ?

C'est pourtant ce qui eut lieu, car elle donna la pensée au Saint Père et au gouvernement de la France de m'appeler à Rome pour y prendre place au tribunal de la Rote, et aussi me faire entrer comme consulteur dans la nouvelle Congrégation de la Propagande pour les rites orientaux que Pie IX se préparait à établir.

C'était, à la vérité, comme une nouvelle consécration de nos travaux et de l'Œuvre des Écoles d'Orient elle-même, c'était aussi pour moi un grand témoignage d'honneur et de confiance. Mon premier mouvement fut néanmoins un mouvement de douleur à la pensée que j'allais me séparer de ces missions auxquelles je venais de consacrer cinq ans de ma vie. Mais la Providence se rit de nos pensées, car ce qui semblait m'éloigner à jamais des missions auprès des infidèles est au contraire ce qui m'y a ramené pour toujours. Si je suis en Afrique et, maintenant, à Carthage, c'est à l'Œuvre des Écoles d'Orient que je le dois; à cette même Œuvre au nom de laquelle j'avais, il y a trente ans, envoyé à la Tunisie une part de ses premières aumônes.

« Comment, disais-je récemment aux fidèles d'Afrique dans une de mes lettres pastorales, vous parler de l'Œuvre des *Écoles d'Orient?*

« J'ai été étroitement associé à ses origines; j'ai eu l'honneur de présider le premier à sa direction, d'obtenir pour elle les premières approbations de l'Épiscopat et du Saint-Siège, de lui consacrer ma jeunesse. Je lui dois enfin d'être au milieu de vous. C'est comme Directeur de l'Œuvre des *Écoles d'Orient* que je me suis trouvé, pour la première fois, en contact avec le monde infidèle. C'est en son nom que je suis allé, il y a près d'un quart de siècle, porter les secours de la charité catholique aux chrétiens de la Syrie; que j'ai vu pour la première fois et aimé leur soleil qui est le soleil de notre Afrique; que j'ai connu ma vocation véritable. Aussi, lorsque déjà Évêque de l'un des diocèses les plus considérables de la France, je suis venu au milieu de vous, je suivais l'attrait impérieux de ma jeunesse et je répondais à l'appel de Dieu.

« J'accomplis donc un devoir qui m'est doux, en reportant sur l'Œuvre des *Écoles d'Orient* ma reconnaissance pour le peu de bien qu'il m'a été donné de faire sur cette terre nouvelle »[1].

Mais me voilà hors de mon sujet, car je ne dois vous parler que *des Commencements de l'Œuvre des Écoles d'Orient*.

Tel est donc l'état où je l'ai laissée, lorsqu'elle a passé entre les mains de M. l'abbé Soubiranne, aujourd'hui Évêque de Belley, et de ses mains dans celles de M. l'abbé Dauphin, dont vous avez voulu raconter la vie, dans un sentiment de piété filiale qui vous honore si grandement, et avec un talent et un intérêt qui charmeront vos anciens camarades, les élèves du collège d'Oullins, auxquels vous l'avez destinée.

Croyez donc, Monsieur et cher ami, à tous les vœux que je forme pour le succès dont votre livre est digne et à mes sentiments les plus affectueusement dévoués en Notre-Seigneur.

† CHARLES, CARDINAL LAVIGERIE,

Archevêque de Carthage et d'Alger.

---

[1] Lettre Pastorale du 2 mars 1881 sur les *Œuvres d'apostolat recommandées par N. S. P. le Pape Léon XIII*, p. 5.

ŒUVRE

DES ÉCOLES D'ORIENT

Tous les yeux sont en ce moment tournés vers l'Orient. De grandes choses s'y passent. De plus grandes encore s'y préparent. Or, il importe au catholicisme, comme à la France, de se trouver prêts lorsque sonnera l'heure, qui semble prochaine, de la liquidation de cette grave question orientale.

A ce point de vue, nous approchons peut-être d'une des heures les plus solennelles de l'histoire de l'Église.

Il nous importe donc de ne pas laisser tomber en déshérence les droits de l'Église et les droits de la France dans cet Orient qui a été le berceau de notre foi, qui est la patrie du Sauveur Jésus, de Marie, sa mère, des Prophètes et des Apôtres ; de cet Orient où toutes les Congrégations expulsées ont trouvé un asile en même temps qu'un champ immense à leur zèle apostolique.

Comme l'*Œuvre des Écoles d'Orient* est celle que le Saint-Siège a plus spécialement désignée pour travailler à la régénération de ces vastes et intéressantes contrées, nous croyons utile d'exposer sommairement ici le but et l'excellence de cette Œuvre.

L'Œuvre des Écoles d'Orient est encore peu ou

mal connue. On nous fait souvent une objection à laquelle je crois nécessaire de répondre : A quoi bon l'*Œuvre des Écoles d'Orient*? Ne fera-t-elle pas tort à la *Propagation de la Foi*? Et cette dernière ne pourrait-elle pas atteindre le même résultat?

Je réponds hardiment : non!

Ce n'est certes pas moi, ancien missionnaire, qui voudrais amoindrir cette Œuvre si providentielle de la *Propagation de la Foi*. Elle est la reine et la mère de toutes les Œuvres de propagande catholique, mère féconde, qui donne à l'Église de Dieu de si nombreux enfants, et étend chaque jour ses conquêtes bienfaisantes dans le monde infidèle.

Mais en Orient, sur cette terre qui fut la patrie du Sauveur et le berceau de l'Église, qui a produit tant d'illustres docteurs, mais que le schisme a rendue complètement inféconde depuis des siècles, le rôle du missionnaire, si considérable chez les nations païennes, est là forcément restreint.

Un tel phénomène est facilement explicable.

Les Orientaux schismatiques sont comme des branches mortes où ne circule plus la sève du tronc dont elles faisaient partie, et qui, par là même, sont impuissantes à produire des fruits.

En effet, tous ces schismatiques, bien que séparés de l'Église parce qu'ils ne reconnaissent pas son chef visible, ont les mêmes dogmes, les mêmes sacrements, le même sacrifice que nous, catholiques. C'est donc toujours avec dédain qu'ils accueillent le missionnaire latin que la *Propagation de la Foi* envoie au milieu d'eux. N'ayant pas besoin, disent-ils, d'être convertis, ils ne peuvent s'expliquer le mobile qui amène ce missionnaire parmi eux. Ce n'est donc que la plus extrême défiance qu'ils lui opposent.

Ne semble-t-il pas, hélas ! que moins on est éloigné de la vérité, plus il est difficile d'y rentrer pleinement ! Les peuples sauvages, plongés dans une erreur absolue, sont peut-être plus près de l'Évangile que les peuples à demi éclairés.

Quoi qu'il en soit, il résulte de cet état général des esprits en Orient que le missionnaire latin, quel qu'il soit, est toujours un objet de suspicion de la part des populations schismatiques ; et j'ajoute que son ministère est forcément annulé, s'il veut procéder, comme partout ailleurs, par l'enseignement dogmatique.

Mais si, au lieu de prêcher et de dogmatiser, il se contente d'ouvrir une simple école, dont il se fera lui-même l'instituteur, réalisant ainsi le *Docete* du divin Maître, immédiatement les populations indigènes, flattées de voir un centre nouveau d'instruction s'établir au milieu d'elles, s'empresseront d'y envoyer leurs enfants en grand nombre. Ce cas intéressant se répète chaque jour, depuis nombre d'années, dans ce pauvre Orient, qu'un souffle tout providentiel semble pousser vers une instruction religieuse plus solide, plus éclairée que dans les siècles passés.

Les Orientaux, en effet, jusque-là très ignorants, très arriérés, semblent comprendre qu'ils ne se régénéreront que par une solide instruction. Au moyen de l'école, le missionnaire arrive bien vite à former à sa guise de nombreux disciples qui se dépouillent peu à peu de ces préjugés de race à l'endroit des latins, et surtout à l'endroit de l'Unité romaine.

Le pire obstacle à la vérité, ce n'est pas l'ignorance — on parvient à la dissiper, — c'est le préjugé ! Car il faut plusieurs générations pour le déraciner ; et, pour cela, il faut faire la lumière et vulgariser l'instruction parmi les générations qui grandissent. J'ajoute que ce qui est vrai, en cela, pour l'Orient, est également vrai pour tous les peuples. L'éducation sérieusement catholique pourra donc seule détruire, chez les Orientaux, le préjugé séculaire qui les tient séparés de Rome. Mais pour cela, il faut absolument prendre le travail à sa base. Toute discussion avec les adultes reste impuissante. C'est seulement par l'éducation des générations nouvelles qu'on pourra les affranchir de ce lamentable héritage reçu des ancêtres, et transmis depuis des siècles. C'est là le terrain fécond où la semence déposée produit, en peu de temps, des fruits de salut et assure l'avenir.

L'expérience, d'ailleurs, le prouve surabondamment, même de nos jours et autour de nous, par cette lutte gigantesque qui se livre, sur ce même terrain des écoles, entre la France catholique et la franc-maçonnerie athée.

C'est de cette pensée simple et pratique qu'est née l'*Œuvre des Écoles d'Orient,* car, dans ces contrées, l'apostolat a dû revêtir partout cette forme plus spéciale de l'enseignement catholique par l'école.

Des résultats considérables n'ont pas tardé à se montrer : le rapprochement s'opère au profit de l'unité qui se prépare d'elle-même, et, il semble, à bref délai. Les générations formées par nos religieux, nos religieuses, nos Frères français, n'ont plus les préjugés de leurs parents à l'égard du Pontife romain.

Mieux instruits, ils ne tardent pas à comprendre que le schisme a tout paralysé dans leur beau pays. Ils éprouvent alors le besoin de se rattacher à l'Église romaine qui seule possède la vérité et la vie, pour rendre enfin à toutes ces vieilles églises, infécondes depuis des siècles, la gloire des anciens jours.

Un tel mouvement s'est accompli jusqu'à ces derniers temps, sans bruit, sans éclat ; mais, phénomène bien remarquable, il s'est généralisé partout, chez tous ces peuples et dans tous ces rites. L'œil vigilant de Léon XIII a suivi avec intérêt ce mouvement et en a saisi toute la portée. Mieux placé pour bien voir, il semble pressentir ce qui se prépare ; et, dans deux Encycliques, il a tenu à signaler à la charité du monde catholique cette *Œuvre des Écoles d'Orient* comme une source de salut pour ces races dégénérées.

Ce n'est qu'en instruisant, en disciplinant et en façonnant de bonne heure ces jeunes cœurs à l'amour du Saint-Siège, que l'on préparera le terrain du rapprochement définitif, et que l'on ramènera au bercail ces races séparées depuis tant de siècles.

Je dois ajouter qu'en travaillant pour l'Église catholique, nos associés ont la satisfaction de travailler pour les intérêts de la patrie. La France a, en effet, depuis des siècles le protectorat officiel de toutes les communautés catholiques de l'Orient, quelle que soit la nationalité des membres qui composent ces communautés.

Grâce à ce vieil héritage, laissé à notre génération par la France catholique du passé, il est aujourd'hui incontestable que l'influence et le progrès du catholicisme en Orient sont intimement liés au progrès et à l'influence de la France, et réciproquement.

Or, depuis les douloureux abaissements de notre patrie, son rôle séculaire en Orient est énergiquement disputé par l'Angleterre, l'Allemagne, l'Amérique et, à Jérusalem surtout, par la Russie. La seule barrière que nous puissions dresser devant ces empiètements successifs de nations et d'églises rivales, c'est l'école, où les générations nouvelles sont élevées par nos religieux et nos religieuses dans l'amour de la France et de sa langue, et dans le respect de l'Église catholique.

Si, depuis nos désastres de 1871, nous n'avions pas eu cette dernière source d'influence, on peut dire que l'action française serait presque nulle aujourd'hui dans les échelles du Levant, en Égypte, en Syrie, en Mésopotamie, en Perse, en Asie-Mineure, à Constantinople et dans tout l'empire Turc, où, grâce à nos maîtres français, le nom de *Frangi* (Francs) continue à désigner tous les catholiques, quels que soient leur race, leur rite, leur langue.

C'est là un fait considérable qui mérite l'attention du patriote et du chrétien, d'autant plus que nos adversaires eux-mêmes ont cru devoir le signaler à plusieurs reprises, non sans un certain dépit.

La conséquence à tirer de cet état de choses, c'est que tous ceux qui, en France, ont à cœur de servir, en Orient, les intérêts de la religion et de la patrie, doivent faire partie de cette *Œuvre des Écoles d'Orient* qui, avec la modeste cotisation de **un franc** qu'elle perçoit par ses zélateurs et zélatrices auprès de nos associés, parvient à subventionner près de 500 écoles, où plus de 40,000 jeunes Orientaux sont instruits par 1,200 religieux et religieuses qui, en grande partie, sont de nationalité française.

Je sais bien l'objection, trop souvent faite par certains esprits étroits qui ne comprennent pas que la charité *catholique* doit se répandre, comme le soleil de Dieu, sur tous ceux qui en ont besoin : « Nos écoles libres absorbent nos ressources, nous dit-on... Il faut d'abord sauver de l'incendie sa propre maison, avant de songer à la maison du voisin... » Si les apôtres, ces sublimes Orientaux, avaient raisonné de la sorte alors que leurs églises naissantes avaient certainement de plus grands besoins que les nôtres aujourd'hui, notre pays serait encore plongé, comme tant d'autres, dans la barbarie païenne !

D'ailleurs — et je tiens à le répéter en terminant — notre Saint-Père le Pape Léon XIII, qui porte sans contredit une sollicitude égale à toutes les églises, a été frappé du rapprochement chaque jour plus sensible qui amène les schismatiques orientaux vers l'Unité. Il l'attribue à l'instruction plus sérieuse qui est donnée dans nos écoles où, depuis trente ans les nouvelles générations orientales viennent puiser une doctrine plus pure. Aussi a-t-il recommandé spécialement, à plusieurs reprises, même dans la forme solennelle des Encycliques, notre chère *Œuvre des Écoles d'Orient*, car il est convaincu que c'est là le point de départ de ce mouvement qui se généralise et qui semble destiné à dédommager l'Église, notre mère, des éprouves dont elle est abreuvée ailleurs.

Voici les instantes paroles dont s'est servie Sa Sainteté dans son encyclique du 3 décembre 1880 : « Il im-« porte, dit le Vicaire de Jésus-Christ s'adressant aux « Évêques de la chrétienté, de s'employer de tous ses « efforts à procurer aux adolescents de l'Orient une « saine doctrine. Par ce moyen, la lumière évangé-« lique se répandra plus aisément dans ces contrées, « et un grand nombre parviendront à connaître Dieu « et à l'adorer, ainsi que son Christ qu'il a envoyé « parmi nous... Quel est donc le fidèle dont les res-« sources soient si modiques qu'il ne puisse en sous-« traire une obole, et dont le temps soit tellement « absorbé qu'il n'en puisse distraire quelques parcelles « pour les consacrer à la grande cause de l'Évangile?... « C'est pourquoi nous avons la ferme confiance que « tous ceux qui se font un honneur du titre de chré-« tien ne manqueront pas de s'employer à une œuvre « de piété qui nous tient tant au cœur, et qu'ils ne « souffriront pas que leur zèle à propager le règne de « Jésus-Christ soit surpassé par l'ardeur de ceux qui « travaillent à étendre la domination du prince des « ténèbres[1]. »

Quelques jours plus tard, Léon XIII témoignait publiquement de sa particulière affection pour l'Orient, dans l'allocution prononcée au Consistoire du 10 décembre 1880, et dont voici quelques extraits ; « Nous voulons

---

[1] Encycl., *passim*.

« aujourd'hui détourner un moment nos regards du
« spectacle qui les afflige, pour les diriger du côté
« où quelques consolations nous sont offertes. Nous
« voulons parler des églises d'Orient, dont nous
« avons eu déjà occasion de vous entretenir, en
« vous rappelant avec quelle sollicitude particu-
« lière nous nous sommes empressé, dès le début de
« notre Pontificat, de nous occuper des peuples de
« l'Orient... Là, en effet, fut le berceau du salut du
« genre humain, et les prémices du christianisme; de
« là ont coulé sur l'Occident, comme un immense
« fleuve, tous les bienfaits que l'Évangile nous a
« apportés. Jamais non plus ne périra la renommée
« de ces illustres Orientaux que le souffle et l'assistance
« de la vérité catholique ont poussés vers tous les
« sommets, et qui ont assuré par la sainteté, la science
« et l'éclat des actions, la gloire de leur nom dans la
« postérité. Ayant, Vénérables Frères, ces considéra-
« tions présentes à l'esprit, nous nous sentons animé
« du plus vif désir de travailler de toutes nos forces à
« faire revivre, dans l'Orient tout entier, la vertu et la
« grandeur d'autrefois. Et cela d'autant plus que, dans
« ces contrées, le cours des évènements fait parfois
« apparaître des signes qui font espérer que, par la
« grâce de Dieu, les peuples de l'Orient, sortis depuis
« si longtemps du sein de l'Église romaine, se réconci-
« lieront avec elle. »

Dans deux lettres spéciales adressées le 19 mars 1881
et le 10 avril 1882 au Directeur général de l'OEuvre,
Léon XIII lui recommande de promouvoir avec zèle
la charité catholique en faveur de l'Orient, pour que

les résultats obtenus par nos Écoles « *ne soient pas*
« *rendus stériles par le manque de ressources* ». Et le
Père commun des fidèles daigne ajouter ces paroles
pleines d'espérance : « J'ai cette confiance que la
« charité des fidèles ne vous fera pas défaut, excités
« comme ils l'auront été à vous venir en aide par les
« pieuses exhortations de leurs Évêques... Nous prions
« instamment le Seigneur, qui tient en ses mains le
« cœur des hommes, d'augmenter de jour en jour les
« largesses des fidèles d'Occident en faveur de votre
« Œuvre qui a si éminemment mérité des nations
« orientales, desquelles nous avons nous-mêmes reçu
« la foi et la civilisation. »

Illuminé d'en haut, Léon XIII prévoit des évènements
qui nous échappent encore; et il semble apercevoir
déjà, comme prochain, le moment marqué par Dieu
pour le retour de ces pauvres brebis égarées, au nombre
de soixante-dix millions environ, si l'on y comprend
tous les sectateurs des diverses églises schismatiques
d'Europe et d'Asie.

Entrons donc dans les vues du Pape, en favorisant
de tout notre pouvoir, chacun dans notre sphère, l'or-
ganisation des dizaines en faveur des *Écoles d'Orient*.
Cette Œuvre a été jusqu'à ce jour beaucoup plus délais-
sée que ses aînées, la *Propagation de la Foi* et la
Sainte-Enfance. Là où ces dernières trouvent des millions, la nôtre réunit avec peine 200,000 francs ! Un si
faible budget n'est certainement pas suffisant !

Je prie Dieu d'inspirer à chaque lecteur de ces lignes de
s'inscrire non seulement comme Associé, mais comme
Zélateur de notre Œuvre, si catholique et si française;

comme *collecteur* d'aumônes en faveur de la trop malheureuse patrie de Notre-Seigneur. Il suffira pour cela d'envoyer son nom et son adresse à nos bureaux, *à Paris, rue du Regard,* 12.

Le charitable intérêt des catholiques Français pour les Écoles religieuses de cet Orient jadis si illustre, aujourd'hui si désolé, nous méritera certainement une bénédiction spéciale pour nos propres écoles : *Date et dabitur vobis,* nous dit la sainte Écriture. Dieu ne permettra pas que l'enseignement maçonnique et libre-penseur puisse prévaloir dans notre patrie, tandis que nous nous efforcerons de faire donner une solide instruction religieuse à nos frères séparés, les compatriotes du Sauveur.

Le Directeur de l'Œuvre
F. CHARMETANT.

———————

NOTA. — Les *souscriptions* ou aumônes régulières se recueillent par *décuries.* A la tête de chaque décurie se trouve un zélateur ou une zélatrice qui provoque les versements annuels et fait circuler les Bulletins de l'Œuvre. La réunion de plusieurs décuries dans une même localité forme un *comité* avec président, trésorier et secrétaire; la réunion de plusieurs comités dans un même diocèse forme une *direction diocésaine.*

Toutes les décuries, tous les comités, toutes les directions diocésaines adressent leurs collectes charitables à la direction centrale qui, chaque année, en vote, en assemblée générale, la répartition aux diverses Écoles d'Orient [1].

L'Œuvre des Écoles d'Orient, légalement autorisée en France, a été solennellement approuvée, dès son origine, par le Pape Pie IX. Elle a été recommandée à l'univers catholique par le Pape Léon XIII dans ses Encycliques du 3 décembre 1880 et du 19 mars suivant, et dans ses Lettres pontificales du 19 mars 1881 et du 10 avril 1882, dont nous donnons ci-dessus des extraits.

L'Œuvre a pour but de ramener, par le jeune âge, l'Orient à la vraie foi et à l'Unité catholique, en y fondant et y entretenant des Écoles, des Séminaires, des Asiles, des Crèches, des Orphelinats, des Refuges, des Pensionnats, des Noviciats, des Communautés catholiques, avec les Œuvres qui s'y rattachent naturellement, et surtout de propager et de maintenir l'Unité catholique par la formation d'un bon clergé dans les différents rites orientaux.

Par rescrits du Saint-Siège datés de 1858, 1859 et 1868, l'Œuvre a été enrichie d'indulgences que peuvent gagner tous les associés, en remplissant les conditions ordinaires :

---

[1] Le Conseil Central se compose ainsi : PRÉSIDENT : Amiral Jurien de la Gravière ; VICE-PRÉSIDENTS : R.-P. Pététot, MM. Wallon, sénateur, membre de l'Institut ; Marquis de Vogüé, membre de l'Institut, ancien ambassadeur ; TRÉSORIER GÉNÉRAL : Vicomte A. Benoist d'Azy ; MEMBRES DU CONSEIL : Baron A. d'Avril, Duc de Brissac, Duc de Broglie, Abbé Chevojon, curé de Notre-Dame des Victoires ; Amiral Fabre de la Maurelle ; Abbé Gardey, curé de Sainte-Clotilde ; V. Guérin ; H. de Lacombe ; Laporte-Ozäñam ; Abbé Le Nordez ; R.-P. Lescœur, supérieur de l'Oratoire ; Comte de Mas-Latrie, membre de l'Institut ; Baron de Montgascon ; G. Rey ; Paul Riant ; de La Roquette ; Baron de Witte. — Font également partie du Conseil Central : les Supérieurs généraux ou Procureurs des Augustins de l'Assomption, Capucins, Dominicains, Franciscains, Frères des Écoles chrétiennes, Jésuites, Lazaristes, Prêtres de Sion.

confession, communion, visite à l'église et prières aux intentions du Pape.

Voici la liste de ces faveurs spirituelles :

1º Indulgence plénière aux fêtes de Noël, Pâques, Ascension, Immaculée-Conception, Nativité, Annonciation, Assomption, saint Pierre et saint Paul, ou à l'un des jours de l'octave de ces diverses fêtes ;

2º Indulgence plénière à la fête de saint Jean Chrýsostome, Patron de l'Œuvre ;

3º Indulgence plénière une fois chaque mois, au choix des associés, et à l'article de la mort ;

4º Indulgence partielle de *sept ans et sept quarantaines* lorsqu'ils assistent à une réunion de l'Œuvre dans une église approuvée.

Ces indulgences sont applicables aux âmes du Purgatoire.

5º Tout prêtre qui est directeur ou conseiller de l'Œuvre peut *de consensu Ordinarii* appliquer aux chapelets, médailles, statues de Notre-Seigneur Jésus-Christ et de la Sainte Vierge, les indulgences accoutumées, même celles dites de sainte Brigitte. L'indult est valable pour cinq ans ; le Directeur de l'Œuvre le fait renouveler aux époques voulues ;

6º Tout prêtre qui travaille à propager l'Œuvre a, par ce fait, l'indult de l'autel privilégié trois fois par semaine. Cette concession est perpétuelle.

On est membre de l'Œuvre en donnant chaque année une aumône, si petite qu'elle soit.

Ordinairement l'aumône est de **UN FRANC** par an.

Toute souscription annuelle de **dix francs** *donne droit à un exemplaire du Bulletin, qui paraît tous les deux mois.*

Plusieurs personnes donnant ensemble un total de dix francs par année forment une décurie, à la tête de laquelle est placé un *zélateur* ou une *zélatrice*, qui reçoit et fait circuler le Bulletin.

On peut assurer à perpétuité sa souscription à l'Œuvre en nous envoyant un titre de rente de 10 francs, ou une somme suffisante pour acheter ce titre, soit environ 275 francs au cours actuel du 3 %.

Toute personne faisant une fondation de ce genre participera, pendant sa vie et après sa mort, à toutes les prières et bonnes œuvres qui se feront dans l'Œuvre *à perpétuité*, et à une messe qui se dit tous les mois. — Nos **FONDATEURS** sont abonnés *pour la vie* au Bulletin de l'Œuvre.

Nous recevons également avec une profonde reconnaissance des intentions de messes, *indépendamment de la cotisation annuelle.* Nous les faisons parvenir à nos Religieux et aux prêtres orientaux qui acceptent de créer des Écoles et de faire eux-mêmes la classe. Beaucoup de prêtres indigènes n'ont d'autres ressources que les honoraires de messes que notre Œuvre leur procure! C'est donc souvent le seul moyen, en Orient, de pouvoir donner à la fois un prêtre à un pauvre village et une école aux enfants abandonnés.

Les fonds devront être envoyés aux Bureaux de l'Œuvre, sous forme de mandats postaux, chèques, billets de banque etc., par lettres recommandées. Les correspondances doivent être adressées à M. l'abbé Charmetant, rue du Regard, 12, à Paris.

Bourges. — Imp. Pigelet et Tardy, TARDY-PIGELET, succ.